DISCOURS

PRONONCÉS

À

L'INSTALLATION

DES

NOUVEAUX MAGISTRATS

DU

PEUPLE.

Mars

———————

1798.

LA CHAMBRE ADMINISTRATIVE

DU CANTON DU LÉMAN.

CONSIDÉRANT qu'il n'y a eu qu'un très-petit nombre de Citoyens, qui ait pu affifter en perfonne à la cérémonie de l'inftallation des nouveaux Magiftrats du Peuple, & recevoir les diverfes inftructions qu'elle pouvoit offrir; la Chambre Adminiftrative arrête, qu'il fera fait un recueil des formules & difcours qui ont confacré cette folemnité; que ce recueil fera imprimé & envoyé dans toutes les Communes du Canton, & que lecture en fera faite dans les Eglifes de toutes les Paroiffes, le 3me. Dimanche d'Avril.

Pour Extrait conforme au Régiftre des Délibérations de dite Chambre, le 2 Avril 1798.

PANCHAUD, Secrétaire Général.

A 2

Le jour de l'installation ayant été arrêté par l'Assemblée Provisoire, elle invita tous les Citoyens du Canton du Léman à y assister par la Proclamation ci-après, du 27 Mars 1798.

LIBERTÉ. ——— ÉGALITÉ.

L'ASSEMBLÉE NATIONALE PROVISOIRE

A U X

HABITANS DU CANTON LÉMAN.

CITOYENS,

APRÈS avoir été soumis pendant des siècles à des Gouverneurs, que la force, l'ambition, l'intérêt vous donnoient, & qui, dans leur orgueil, se considéroient comme une espèce d'hommes supérieure à vous, vous venez de vous choisir des Chefs pris dans votre sein, dont vous êtes les égaux, que votre confiance seule a placés au-dessus de vous, & qui, au moment où la Loi l'ordonnera, rentreront dans le sein de l'éga-

(5)

lité, pour voir, à leur tour, s'élever au - deſſus d'eux les hommes, que votre volonté leur préférera.

Vendredi prochain, 30 Mars, à dix heures du matin, dans le grand temple de Lauſanne, ces nouveaux Magiſtrats vous feront préſentés. Accourez à cette cérémonie auguſte & ſolemnelle ; venez-y jouir de vos droits, & reconnoître la preuve de votre liberté ; venez-y jurer avec eux obéiſſance & reſpect à la Loi.

Lauſanne, le 27 Mars 1798. An 1er. de la République Helvétique une & indiviſible.

Chancellerie du Pays-de-Vaud.

MOUSSON, Secrétaire.

Le 30 Mars le Corps Electoral s'aſſembla dans le lieu ordinaire de ſes ſéances, ſe mit en marche à dix heures préciſes pour ſe rendre dans le grand temple de la Cité &, tandis qu'il entroit par une des portes, l'Aſſemblée Nationale Proviſoire entroit par l'autre au bruit des inſtrumens de muſique. Ces deux Corps ſe placèrent dans les bancs qui leur étoient réſervés ; la Chambre Electorale à la droite de la chaire, & la Chambre Légiſlative à la gauche. Les Préſidens ſe placèrent ſur une eſtrade, élevée au pied de la chaire, dans les fauteuils qui leur étoient préparés.

Les Magiſtrats élus du Peuple occupèrent les bancs en face de la chaire dans l'ordre ſuivant

A 3

LES CITOYENS MEMBRES EFFECTIFS

DE LA CHAMBRE ADMINISTRATIVE.

LES CITOYENS,

1 Pierre Maurice GLAYRE, de Romainmotier.
2 Henri MONOD, de Morges.
3 Ifaac Louis AUBERJONOIS, d'Yverdon.
4 Alex. Fr. Vincent PERDONNET fils, de Vevey.
5 Jean Pierre Elie BERGIER, de Laufanne.

DU SÉNAT.

1 Jules MURET, de Morges, Docteur en Droit.
2 Louis FROSSARD, de Moudon, dit de Saugi.
3 Urbain LAFLECHERE-Baufobre, de Nyon.
4 Jean Jaques BERTHOLET, de Corfeau.

DU GRAND CONSEIL.

1 François MILLET, de Chavornex, Curial.
2 Louis DELOES, d'Aigle, Avocat.
3 Benj. GRIVEL, d'Auboune, dit le Hollandois.
4 L. SECRETAN, de Laufanne, Docteur en Droit.
5 Jean Louis PANCHAUD, de Moudon.
6 Louis BOURGEOIS, de St. Saphorin, Avocat.

7 Jean Samuel MAULAZ, de Fiez.
8 Henri CARRARD, de Fay, Docteur en Droit

DU TRIBUNAL SUPRÊME.

1 Henri POLIER Deloys, de Lausanne.

DU TRIBUNAL DE CANTON.

1 François DELACHAUX, d'Onnens.
2 Louis LAMBERT, d'Yverdon, Justicier.
3 Beat Jacob BRIOD, de Lucens.
4 Henri POTTERAT, d'Orny, Curial.
5 Jean Louis MANUEL, de Rolle.
6 Charles Antoine JAQUIER, d'Echalens.
7 Louis Gabriel SOLLIARD, de Coffonay.
8 Louis Rod. BURNIER, de Lutry, Secrétaire.
9 Isaac Daniel CONVERS, de Ballens.
10 Jean François FAYOD, de Bex, Avocat.
11 Philippe SECRETAN, de Lausanne, Juge.
12 Lily ROCHAT, du Chenit.
13 Emanuel DUBOSCHET, de Montreux.

LES SUPPLÉANS.

DE LA CHAMBRE ADMINISTRATIVE.

Benjamin JAÏN, de Morges, Banneret.
Jean Louis AUSSET l'aîné, de Vevey.

A 4

François DOXAT l'aîné, d'Yverdon, dit de Turin.
Beat Ferd. TESTUS, de Chexbres, ex-Miniſtre.
DUVILLARS, de Taney.

DU TRIBUNAL SUPRÊME.

Henri DECROUSAZ-Polier, de Lauſanne.

DU TRIBUNAL DE CANTON.

Louis JAN, de Châtillens.
François JONIN, d'Aubonne.
George Benjamin CARRARD, Banneret.
Gédéon BAUTY, d'Aigle, Major.
Marc Joly, de Nyon.
Chriſtophle Daniel RENZ, de Prangins, Châtelain.
François Salomon CARRARD, d'Orbe, Lieutenant.
L. David MURET, de Vevey, Docteur-Médecin.
Jean Fréderic CAVAT, de Croy.
Pierre David BOCHERAN, de Gryon.
Louis VUAGNIERE, de Ruaire.
François Louis BONTEMS, de Villeneuve.
Nicolas LONCHAMP, de Bottens.

Le Citoyen PIDOUX, Préfident de l'Affemblée Provifoire, prit la parole & dit :

Citoyen Préfident du Corps Electoral. L'Affemblée Provifoire du Pays-de-Vaud vous invite à faire connoître au Peuple les Magiftrats que vous avez choifis en fon nom pour le gouverner & le juger.

Alors le Citoyen Muret Préfident du Corps Electoral fe leva & dit :

Je vais répondre à l'invitation qui m'eft adreffée, en nommant les élus du Peuple.

Il appella alors les cinq Membres de la Chambre Adminiftrative, nom par nom. Ceux-ci fe levèrent, & le Préfident dit :

Au nom de la Conftitution que le Peuple a acceptée, je proclame les cinq Citoyens ici préfens, comme dépofitaires de fa confiance, & revêtus par fa volonté de la plénitude des pouvoirs légiflatif & exécutif, jufques au tems que la Conftitution elle-même leur retirera ces pouvoirs, époque à laquelle ils n'exerceront plus que les fonctions adminiftratives.

Le Préfident appella enfuite les Membres du Corps Légiflatif & dit :

Peuple Souverain ! — Je te préfente les Citoyens choifis par tes délégués, pour exercer en ton nom la puiffance légiflative, lorfque le Corps, dont ils font une partie, fera, au gré de nos vœux, conftitué & réuni.

Après quoi, le Préſident appella le Juge Suprème & dit :

Peuple Souverain ! --- *Je te préſente le Citoyen qui, réuni avec les collègues que la Conſtitution lui donne, exercera les fonctions de la judicature ſuprème.*

Enſuite le Préſident appella les Juges du Tribunal de Canton & dit :

Peuple Souverain ! --- *Je te préſente les Citoyens choiſis par tes délégués pour te rendre la juſtice & faire régner la Loi.*

Enfin le Préſident appella tous les Suppléans & dit :

Peuple Souverain ! --- *Je te préſente les Citoyens qui, au défaut des Membres que tes délégués ont choiſis, doivent en remplir les fonctions.*

Les appels étant finis, le Citoyen Pidoux Préſident de l'Aſſemblée Proviſoire prit la parole & dit :

CITOYENS !

En ſuite des nominations que, par l'entremiſe de ſes Electeurs, le Peuple vient de faire, je déclare au nom de l'Aſſemblée Proviſoire, qu'elle réſigne tous les pouvoirs que ce même Peuple lui avoit momentanément confiés, & les remet entre les mains des nouvelles Autorités Conſtituées.

Citoyens Adminiftrateurs , Sénateurs & Membres du Grand Confeil !

Avec quelle joie l'Affemblée Provifoire ne vient-elle pas de reconnoître parmi vous quelques-uns de fes Membres les plus anciens & les plus chers , quelques-uns de ceux à qui , dès fon origine & durant tout le cours de fes féances , elle a conftamment commis le foin des affaires les plus importantes & les plus difficiles ! Agréez, les uns & les autres , les vœux que nous formons pour vous , dans la carrière pénible que vous allez parcourir.

· Un grand fardeau vous attend. Que de changemens encore à opérer parmi nous, avant que notre régénération politique foit complettée dans toutes fes branches ! De quelle prudence n'aurez-vous pas befoin pour difcerner ce qui doit être anéanti fans referve, d'avec ce qui peut être confervé fans inconvénient; ce qui exige une prompte reforme, d'ayec ce qui n'en demande qu'une graduelle ! Quel courage, quelle fermeté ne vous feront pas néceffaires, pour attaquer dans fes derniers retranchemens, l'égoïfme orgueilleux qui veut tout maintenir, & réfifter en même tems à la pétulance infenfée qui voudroit tout renverfer & tout détruire !

Vos lumières, vos talens, vos intentions con-

nues, votre popularité, vos travaux paffés, tout
nous eft une garantie de vos fuccès futurs.

Citoyens, Membres des Tribunaux Auguftes qui
doivent adminiftrer la Juftice au milieu de nous!

Recevez pareillement les vœux que nous formons pour vous. Un feul mot les comprend
tous. Que l'injufte, que le méchant, que le ca-
lomniateur, que l'homme à complots vous crai-
gnent & vous redoutent. Que la veuve, que l'or-
phélin, que l'innocent, que l'homme fans dé-
fenfe viennent auprès de vous;.... & s'en retour-
nent joyeux.

Et toi, Peuple Vaudois, qui approuvas que
tes Députés, formés en Affemblée Provifoire,
fe miffent à la tète de la Révolution, pour en.
balancer les mouvemens incertains, reçois-nous
de nouveau dans ton fein. Notre tâche a fini,
Puiffent nos foibles travaux, protégés par la
Grande Nation, avoir été un acheminement
falutaire au feul but que nous eumes fans ceffe
devant les yeux.... la félicité commune! Puiffe
le Canton du Léman fe montrer dans tous les
tems digne de la belle initiative qu'il a prife
dans la grande caufe de la République Helvétique une & indivifible!

Ce difcours étant achevé, on chante en chœur l'hymne
à la Liberté, accompagnée d'un Orcheftre nombreux
& bien choifi.

Le Citoyen MURET, Préfident de la Chambre Electorale, prononça enfuite ce difcours:

CITOYENS!

COURBÉS depuis deux fiècles & demi fous le joug de quelques familles ambitieufes, nous en fommes affranchis: affervis à des Loix arbitraires que nous n'avions point confenties, nous n'aurons d'autres Loix que celles que nous nous ferons faites. Retenus dans la claffe ignominieufe de fujets, fans que rien bornât le pouvoir de nos Maîtres, nous avons maintenant une Conftitution qui repofe fur les principes facrés de la Liberté & de l'Egalité: En un mot, nous avons paffé du néant à l'être, de l'efclavage à la Liberté, & à peine quelques femaines fe font écoulées entre cet état de fervitude profonde, & celui de notre Liberté entière.

Et nous avons franchi cet efpace prefque fans fecouffes & fans malheurs. --- Graces en foyent rendues à l'Être Suprême!

Aux beaux jours d'Athènes & de Rome libres, avoient fuccédé des tems de barbarie & d'ignorance, & par conféquent de fervitude; le genre humain croupiffoit dans l'erreur, dans la fuperftition, dans l'efclavage; à peine au milieu de ces ténèbres épaiffes, voyoit-on, à des époques éloignées, briller quelques étincelles d'une Liberté incomplette.

Des hommes brulant de l'amour de la Liberté, des génies puiffans s'élevèrent cependant au-deffus de leur fiècle & le dévancèrent ; de ce nombre fut GUILLAUME TELL , le premier Héros de la Liberté Helvétique : mais avec ces hommes mourut la Liberté ; l'ignorance, la fuperftition, l'efclavage reprirent leur funefte empire.

Une invention qui, dans fon origine, dût paroitre peu influente, changea la face de l'Univers, c'étoit l'imprimerie : par elle, les lumières fe communiquèrent ; par elle, l'éducation fe perfectionna ; par elle, la vérité fe communiqua d'âge en âge. Il fe forma une République de favans, notre fiècle fut celui de la philofophie ; au milieu d'erreurs, malheureufement trop nombreufes, les principes de la Liberté & de l'Egalité furent proclamés par les hommes les plus éloquens. Le progrès des lumières fit pâlir les tyrans : les Apôtres des grands principes furent perfécutés, mais les lumières ne retrogradèrent plus, & la vérité triompha.

Il étoit naturel que la Nation la plus ingénieufe de l'Univers, celle chez qui les lumières étoient le plus généralement répandues, fût la première qui tirât de la fpéculation, çes vérités qui n'étoient connues qu'en théorie, pour les mettre en pratique.

Des Loix gothiques, des ufages abfurdes, des pratiques fuperftitieufes, étoient en contradiction avec les lumières répandues, les défordres d'une Cour corrompue hâtèrent le moment où la France devoit être libre. --- La Nation Françaife fit la Révolution la plus complette dont les faftes de l'hiftoire faffent mention : Il ne fallut pas moins que les reffources, le génie & le courage de cette Grande Nation, pour vaincre les obftacles qui lui furent oppofés ; la poftérité couvrant du voile de l'oubli, les abus qui accompagnèrent cette grande Révolution, prononcera que la Nation Françaife a bien mérité de l'Univers.

Le Peuple Vaudois voifin de la France, parlant la même langue, en rélation continuelle d'intérêts, d'affaires, & d'amitié avec les Français, ne pouvoit demeurer fpectateur indifférent des grands événemens qui fe développoient fous fes yeux.

Les Vaudois exprimèrent par des fêtes la joie qu'ils reffentoient des fuccès de la Grande Nation : ces expreffions d'une joie innocente parurent des crimes aux Gouvernans de Berne ; exafpérés encore par ces Chevaliers fuyards, qui auroient

‚volontiers facrifié le monde entier à la confer-
vation de la moindre de leurs prérogatives, les
Bernois, accoutumés aux privilèges excluſifs,
voulurent avoir ſeul le privilège de ſe réjouir;
mais c'étoit des défaites des Français. Ils virent
dans les réjouiſſances de leurs ſujets des attentats
à leur Souveraineté : ils déployèrent un appareil
militaire formidable, pour punir les Vaudois du
crime atroce d'avoir diné en public ; la corruption,
les dénonciations, l'eſpionnage furent organiſés ;
l'ami n'oſoit plus ſe confier à ſon ami, le père
à ſon fils: une odieuſe commiſſion, des Inquiſi-
teurs politiques vinrent s'établir parmi nous, les
Magiſtrats les plus reſpectables du pays furent
traînés au milieu de leurs ſoldats, pour ſubir
l'humiliation d'une amende honorable, des em-
priſonnemens, des proſcriptions arbitraires eurent
lieu, une ſombre terreur courba les têtes, les
ſcélérats oſoient ſeuls la lever : les Inſenſés! ils
forcèrent le peuple par leur conduite à réflechir
ſur ſes droits, & à examiner ceux de ſes Gouvernans ; ne ſavoient-ils pas, que cet examen eſt
la mort de la tyrannie ?

Cependant, les Bernois, pour gagner les
habitans de la campagne, leur firent les plus
belles promeſſes, mais ils ſe réſervoient de n'en
tenir aucune.

Six

Six années s'écoulèrent dans cet état d'humiliation ; enfin la grande Nation entendit nos foupirs.

Une réforme générale étoit fortement voulue dans tout le pays, elle devenoit par là même indifpenfable, mais l'Ariftocratie ne fut jamais confulter l'opinion publique. Berne eut recours à fa tactique accoutumée ; *efpionner , divifer &* *promettre* : & , pour foutenir cette fublime politique , Berne envoya de nouveau au Pays une *Haute* Commiffion.

Ce n'étoit pas affez ; les Gouvernans de Berne entreprirent d'intéreffer les confciences au fuccès de leurs funeftes complots ; eux, qui outrageoient manifeftement les droits du Peuple qu'ils avoient juré de maintenir , ôfèrent exiger de lui un ferment de foumiffion & de fidélité !

Quelle obligation pouroit-on impofer à ceux qui l'avoient prêté , ce ferment arraché par la fraude ou par la terreur ?

Cependant , le Directoire de France , inftruit de ces manœuvres , déclara qu'il prenoit fous fa protection immédiate les juftes réclamations du Peuple Vaudois.

Il s'éleva alors de toutes les parties du Pays un cri général pour demander juftice ; toutes les villes & la plus grande partie des Commu-

B

nes de la campagne, adreſſèrent au Gouvernement de Berne, des requêtes pour obtenir la
permiſſion de s'aſſembler & de conférer ſur
leurs intérêts communs.

Ces requêtes étoient auſſi reſpectueuſes dans
leurs formes, que modérées & raiſonnables dans
leur objet.

Berne n'accordoit rien, il ne répondoit point,
mais il levoit des armées nombreuſes : la mort,
la dévaſtation, la guerre civile & la guerre
étrangère ; c'étoient là les réponſes que Berne
préparoit.

Ce fut dans ces momens périlleux, que les
bons patriotes ſe réunirent & formèrent ces ſo-
cietés particulières, qui ont ſi puiſſamment con-
tribué à notre heureuſe révolution ; ce fut dans
ces momens périlleux qu'à côté de la *haute* Commiſſion, ſe forma le Comité central des communes du Pays, compoſé d'abord de quelques
Députés de Lauſanne & de quelques villes
environnantes. La liberté ſe plait à contempler
ce contraſté, entre l'appareil faſtueux de la
repréſentation d'une ſouveraineté expirante, &
la modeſte réunion des amis d'une Liberté
naiſſante. Ce fut là l'origine de l'Aſſemblée
Repréſentative proviſoire du Pays-de-Vaud ;

ce fut là, on peut le dire, le berceau de la République Helvétique une & indivisible.

Les Bernois continuoient leurs préparatifs de guerre ; Weiss, leur général, menaçoit, il armoit les frères contre les frères ; les Allemands étoient à nos portes.

Ce n'étoit point en vain que la France avoit promis de nous protèger ; une division de l'invincible armée d'Italie s'approchoit de nos frontières. Ses Chefs voulurent avant d'entrer dans notre Pays mettre en œuvre les moyens de conciliation. Un Adjudant Français fut envoyé comme parlementaire à Weiss ; son escorte fut lâchement affassinée. Les Français entrèrent, ils traversèrent notre Pays comme amis, ils ne nous donnèrent occasion que d'admirer leur bonne discipline & la sagesse de leurs Généraux.

Avant de pénétrer dans le pays Allemand, les Français firent encore les offres les plus généreuses. Berne aveuglée, voulut la guerre ; ses armées, malgré une résistance digne d'une meilleure cause, cédèrent à la valeur des Français conduits par BRUNE & par SCHAUEN-BOURG ; Berne tomba & avec elle l'odieux système de l'oligarchie.

Graces en soient mille fois rendues à la Généreuse Nation Française.

B 2

Reportons nos regards fur les travaux paifibles des Députés des Communes.

Chaque jour augmentoit leur nombre , & chaque jour faifoit ainfi connoître les progrès de
l'efprit public ; mais en divers lieux il étoit
égaré : une agitation fourde fe faifoit appercevoir :
les Membres du Comité central fe portèrent par-
tout où il falloit inftruire & pacifier ; en un mot,
par-tout où leur préfence pouvoit être utile : ils
réuffirent à nous fauver dans ces premiers momens des horreurs d'une guerre civile.

La Commiffion Bernoife étoit partie ; le Général Weifs avoit quitté Laufanne ; tout annonçoit
que les Bernois ne vouloient rentrer , que les
armes à la main, dans le Pays de-Vaud qu'ils
quittoient : cette belle contrée alloit devenir le
théâtre de la guerre : le joug d'une domination
qui ne pouvoit durer que pour le malheur du
Peuple , devoit être fecoué : le 24 Janvier le
fcellé fut appofé fur les caiffes publiques ; la
cocarde verte , ce premier figne de la Liberté
Helvétique , fut arborée ; ce fut là le premier jour
de notre révolution.

Jour mémorable ! fois à jamais célébré, deviens
l'époque & la date de notre régénération politique.

Cette époque doit nous être d'autant plus chère,

qu'elle ne fut accompagnée d'aucun excès, d'aucun défordre: les propriétés & les perfonnes ,
même de nos ennemis furent refpeétées. --- Peuple bon , Peuple honnète , tu mérites d'être libre.

Dès ce moment, les rapports politiques entre
Berne & le Pays-de-Vaud furent irrévocablement
brifés ; une autorité devoit fur le champ remplacer cette Souveraineté abufive qui pefoit fur nous
depuis fi longues années : un intervalle quelcon-
que eût été un tems d'anarchie & les fuites pou-
voient en être funeftes : les Députés le fentirent ;
le 24 Janvier ils fe conftituèrent en Repréfenta-
tion Provifoire du Pays-de-Vaud ; mais avec quelle
modération , avec quelle retenue , avec quelle
fageffe ils firent cet aéte d'autorité ! C'étoit le bien,
le feul bien de la Patrie qui les dirigeoit : ils invi-
tèrent les Communes à leur retirer leur pouvoir
& à les remplacer : tous ils furent confirmés : tous
ils méritoient de l'être.

Le Pays - de - Vaud eut donc fon Affemblée
Nationale ; le nombre de fes membres s'accrut
confidérablement ; nos frères de la partie Françaife du Canton de Fribourg y députèrent ; mais
en devenant plus nombreufe, cette Affemblée ne
changea pas de fyftème: toujours le même défin-
téreffement, toujours le même refpeét pour les
propriétés, toujours le même amour de l'ordre,

B 3

toujours la même activité pour le bien , toujours
la paſſion de la Liberté. Si dans les détails vous
commites quelques fautes, oſeroit - on vous les
reprocher ? Que les Ariſtarques chagrins, qui ne
voient que le mal, conſidèrent ce que vous étiez
& çe que vous fites, & ils feront réduits au
ſilence.

Pris au haſard, pour ainſi dire, dans la maſſe
du Peuple ; appelés pour la première fois à vous
occuper des affaires publiques, vous avez Gou-
verné dans les momens les plus difficiles , & l'ordre
& la paix ont régné. Vous avez prévenu les trou-
bles, vous avez évité la guerre, vous avez main-
tenu l'abondance, vous avez proclamé notre indépendance : en un mot, vous nous avez amené
ſans ſecouſſes au moment, où nous ſommes libres
par une Conſtitution, qui faiſant de toute l'Helvétie
une Nation de frères, nous promet le bonheur.

Vous venez, Citoyens, de remettre aux Autorités Conſtituées, les pouvoirs que le Peuple vous
avoit confiés ; vous rentrez dans le ſein de l'Egalité ; mais vous y rentrez en emportant l'eſtime
& la reconnoiſſance de vos Concitoyens. --- Citoyens, je le déclare au nom du Peuple, vous
avez bien mérité de la Patrie.

Citoyens, qui avez réuni les ſuffrages du Peuple & obtenu ſa confiance, vous mériterez auſſi
ſes bénédictions.

Quelle noble & grande carrière s'ouvre devant vos pas! Vous êtes pour un tems les dépositaires de la Souveraineté du Peuple & de tous ses pouvoirs; il n'est aucun homme qui ne soit au-dessous de la grande tâche qui vous est imposée.

Cette considération ne portera cependant point le découragement dans vos cœurs ; c'est par la volonté du Peuple que vous êtes devenus ce que vous êtes : ce sentiment vous soutiendra dans vos pénibles travaux; mais vous employerez toutes vos lumières, tous vos talens, tout votre être au bien de la Patrie; forts de ces intentions, vous pourrez alors résister aux traits que l'envie, la malignité ou l'ignorance pourront lancer contre vous.

Je sers ma Patrie de tout mon pouvoir, ce sera là votre soutien dans le danger, votre consolation dans l'adversité.

Il n'est sans doute aucun de nous, qui ait ambitionné les places dont il est honoré, par des motifs d'intérêts ou de vaine gloire, ou par le desir du pouvoir : si cette illusion s'étoit glissée dans le cœur de quelqu'un, qu'il se détrompe, en considérant le tableau des obligations qui lui sont imposées.

Vous, Citoyens, qui êtes nommés *Législateurs,*

ce nom feul ne vous découvre-t-il pas l'immenfe étendue de vos devoirs ?

Vous êtes chargés de faire des Loix qui rendent heureufe une Nation, dont les diverfes contrées diffèrent entr'elles de mœurs, de langage, de religion ; il faut cependant trouver ce point d'unité qui leur convienne à tous : c'eft le problême que nous avons à réfoudre. Nous fommes tous infuffifans pour ces chofes, mais nous y travaillerons fans relâche, & de toutes nos forces.

Vous Citoyens, qui êtes chargés de l'adminiftration, votre tâche n'eft pas moins difficile ; tandis que vos Législateurs s'occuperont de conceptions générales, vous avez à diriger le détail ; envain la théorie feroit elle fage, fi la pratique n'y répond pas, & c'eft de cette dernière dont vous êtes chargés. Tout eft dans le défordre qui accompagne & fuit une révolution, & vous avez à rétablir l'ordre, vous avez à organifer la chofe publique, en ménageant les intérêts particuliers. Je le répète, votre tâche eft difficile.

Mais la joye avec laquelle le Peuple entier a appris votre choix, nous promet les plus heureux fuccès.

Juge Suprême, & vous Juges de Canton, vous êtes chargés de faire règner la juftice :

qu'elle eſt belle , qu'elle eſt grande votre voca-
tion ; la fortune , la vie , l'honneur de vos
Concitoyens ſont entre vos mains ; elles reſte-
ront toujours pures ; vous apporterez dans l'exer-
cice de vos fonctions , cet eſprit d'examen , de
réflexion , ce travail qui fait diſcerner le juſte
de l'injuſte , quels que ſoyent les ſophiſmes que
ce dernier employe. Vous ne vous écarterez
jamais de cette ſévère impartialité , ſans laquelle
celui qui ſiège au Tribunal ne mérite plus le
nom de Juge. Vous ſerez conſtamment revètus
de cet eſprit de patience & de douceur , qui
ſert à adoucir même les refus. Vous penſerez
ſans ceſſe que vos Concitoyens ſont vos égaux ,
que le terme de vos travaux arrivé , vous ren-
trerez dans le ſein de la ſocieté , & votre accueil
n'aura rien qui reſſemble à cette affabilité affectée
de nos ci-devant Juges.

Et Vous enfin , Citoyens , nommés Suppléants
aux différentes places , apellés à les remplir ,
les mêmes obligations vous ſont impoſées , vos
devoirs ſont les mèmes , vous apporterez à vos
fonctions la mème activité , le mème zèle , les
mèmes intentions ; en un mot , le même dévouement patriotique.

Et vous , Citoyens Electeurs , votre tàche eſt
remplie ; vous avez apporté dans vos fonctions

des intentions pures, vous n'avez écouté dans vos choix, que votre amour pour la Liberté, pour l'Egalité, & votre amour pour la Patrie. Vos fonctions ont été longues, faftidieufes; mais vous ne vous êtes point rebutés, vous avez enfin dans vos Affemblées refpecté l'ordre & la décence; vous allez rentrer dans vos maifons, dans vos familles: dites à vos Commettans ce que vous avez vu, ce que vous avez entendu, diffipez leurs préjugés, faites-leur fentir combien font néceffaires l'union, la concorde, la foumiffion aux Loix, le refpect aux Autorités Conftituées; faites-leur bien comprendre, que la Liberté n'eft pas la licence, & que celui qui mérite le mieux le beau nom d'homme libre, eft auffi celui qui eft le plus l'efclave de la Loi. Embrafez leurs cœurs du faint amour de la Patrie; que votre conduite leur ferve d'exemple.

Divine Providence, répands tes bénédictions fur nos travaux, & accorde aux Magiftrats du Peuple, les forces qui leur font néceffaires pour accomplir l'œuvre qui leur eft confiée. Donne-leur de contribuer à l'établiffement & à l'affermiffement de la République Helvétique une & indivifible, enforte que nous foyons heureux entre les Peuples.

Ici le chœur chanta l'hymne à l'Eternel.

Après quoi le Citoyen GLAYRE premier Admi-
niftrateur prit la parole & dit :

CITOYENS!

NOUS avons paffé de la fervitude à la Liberté...
D'autres Nations ont obtenu le même avantage ;
mais combien il leur en a couté de froiffemens
& de larmes ! --- Sans doute , l'hiftoire des révolutions modernes eft parvenue jufqu'à vous ;
vous avez entendu parler de ces fecouffes vio-
lentes qui ont tout déplacé, tout renverfé. Des
récits trop fidèles vous ont offert le tableau des
Bourgs & des Villes détruits, des campagnes
ravagées, des échaffauds dreffés fur toutes les
places publiques ; le fang inondant le pavé des
rues ; les cadavres entaffés ou comblant les abi-
mes. -- Tel a été le prix, dont plus d'un Peuple
a payé fa Liberté. Voyez & calculez ce que vous
a couté cette même Liberté, & vous vous éton-
nerez vous-mêmes de votre bonheur. --- Quelle
eft la fortune qui ait été renverfée ? Où font
les victimes facrifiées ? Graces en foyent rendues
à la Bonté Divine, je n'en vois aucune parmi
nous. --- La guerre a porté fes ravages au-delà de
vos demeures ; fes foudres font tombées & ont

brifé des murs éloignés, & nous, tranquilles &
refpectés par elle, nous fommes reftés debout;
menacés quelques fois, nous avons été conftamment épargnés. Cependant il eft des maux,
qu'une crife trop prolongée eût néceffairement
amenés à fa fuite, & dont les conféquences finif-
tres fe font plus d'une fois annoncées.

La morale publique, cette bafe de toutes les
félicités & de toutes les douceurs fociales, s'af-
foiblit dans ces chocs des paffions exaltées; tous
les liens fe relachent; le méchant que la Loi
comprimoit prend fon effor. C'eft alors que fe
font entendre ces voix fanguinaires, qui profè-
rent le meurtre & prêchent l'affaffinat. C'eft
alors que, fous les noms facrés de la Liberté &
de l'Egalité, on vit fous le defpotifme de l'au-
dace; c'eft alors que les propriétés & les perfonnes font à la merci de ces hommes atroces,
qui ofent tout, dès qu'ils efpèrent n'avoir plus
rien à craindre.

Honneur & Gloire au Peuple Vaudois! —
Il a été travaillé par tous ces artifans de l'in-
fubordination & du défordre ; mais en vain.
On lui a préfenté la coupe empoifonnée de l'a-
narchie, mais bientôt il l'a repouffée loin de lui.

Il étoit tems cependant que la crife finît; encore quelques jours, & peut-être la corruption

s'introduifoit & habitoit pour jamais au milieu de nous. C'en étoit fait de la félicité publique.

Citoyens, raffurez vous! Nos dangers font à leur terme. Aujourd'hui la révolution finit ; le règne de la Loi commence. — Je te falue, Aurore du bonheur & de la profpérité de ma Patrie! Que tout, dès cet inftant, rentre dans l'ordre! Que la vertu reprenne fon empire! Que la religion raffurée déchire fes voiles! Quelle remonte fur fes autels! Quelle préfide à jamais à nos deftinées!

Citoyens Electeurs, dignes mandataires d'un Peuple digne de la Liberté! portez dans vos paifibles demeures ces douces & confolantes paroles : *Aujourd'hui le règne de la Loi commence.* Dites au méchant qu'il fe détourne du crime, car le glaive vengeur eft fufpendu fur fa tête. Dites au provocateur à la rébellion qu'il ploye fa tête fous le joug de la Conftitution ou qu'il fuye , car le falut public demande fa mort. Dites aux agitateurs de toute efpèce , que le Peuple a des Magiftrats qu'il a revêtus des plus grands pouvoirs pour les atteindre & les comprimer.

Mais dites auffi à l'Ami de la Liberté qu'il marche fans crainte , nous veillons fur lui; il fera efficacément protégé. Dites au pauvre qu'il

fera fecouru ; à la veuve, qu'elle aura un appui ;
à l'orphelin, qu'il a retrouvé fon père.

Oui, Citoyens Electeurs, telle eft notre tâche,
& nous la remplirons. O, combien nous defirons
que le bonheur public attefte quelque jour vos
lumières ! Quel prix refervé à nos travaux, fi,
en parcourant les pages de notre hiftoire, la
poftérité y lifoit ces mots : LES ELECTEURS DE
1798 ONT BIEN MÉRITÉ DE LA PATRIE.

Citoyens ! nos intérêts font communs ; notre
gloire eft la vôtre. Confondons nos vœux &
demandons enfemble au Miniftre de notre Sainte
Religion, qu'il appelle fur nous les bénédictions
du Ciel & fon appui.

Le Citoyen Pafteur Bugnion monta en chaire
& après une prière, pleine d'une ferveur reli-
gieufe, il prononca le difcours fuivant :

Citoyens, Délégués du Peuple Vaudois !
Citoyens, Adminiftrateurs !
Citoyens, Membres des Confeils Législatifs &
du Tribunal Suprême de l'Helvétie !
Citoyens, Membres du Tribunal de ce Canton !
Citoyens de tout âge ! Chrétiens mes très-chers
frères !

Pf. 118. v. 24. *C'eft ici la journée que l'Eternel a
faite : égayons-nous, & nous réjouiffons en elle.*

Dans le Cantique, dont nous venons de vous

lire quelques paroles, le Pfalmifte rend graces à Dieu de quelque grande délivrance. Il en attri- bue toute la gloire, non à lui-même, mais à l'Eternel, au bras de fa force toute-puiffante : & dans la vive émotion, que lui donne le fouvenir de fa victoire, il s'écrie avec un faint tranfport: " Qu'une voix de chant de triomphe & de déli- „ vrance retentiffe dans le tabernacle des juftes, „ difant, la droite de l'Eternel eft haute élevée, „ la droite de l'Eternel a fait vertu; c'eft ici la „ journée, &c. „

Qu'il eft grand auffi, qu'il eft beau ce jour qui nous raffemble dans les parvis du Seigneur ! Nous voyons dans cette enceinte, & ceux qui les pre- miers fe font occupés de rétablir notre Patrie dans tous les droits que la Liberté & l'Egalité donnent aux Peuples, qui ont le courage de fecouer le joug de la fervitude : & ceux qui, appelés aux fonctions des adminiftrations diverfes, viennent folemnellement fe confacrer à leurs devoirs, pour nous faire jouir des fruits précieux de cette grande conquête : & ceux qui, attachés de cœur à ces principes généreux, fuivent avec joie ce char de triomphe qui mène tout un Peuple à la félicité & à la gloire. C'eft ici la journée que l'Eternel a faite : c'eft ici le plus beau jour qui a luï fur notre Patrie : c'eft ici l'aurore de ces jours de profpé-

rité & de bonheur, qu'un nouvel ordre de chofes
nous préfente. Qu'une fainte joie nous anime tous
dans cette grande journée! Qu'une allégreffe uni-
verfelle faffe monter nos actions de graces devant
le trône du Très - Haut! Et toi, Seigneur Dieu
Tout-Puiffant! Agrée nos hommages, & rempli-
nous de ton Efprit de fageffe, de force, de joie
& d'efpérance, pour t'aimer & te fervir avec un
nouveau zèle tous les jours de notre vie par J.
C. N. S.! Amen.

I.

Nos premières réflexions ont pour objet,
ceux qui, dès le berceau de notre révolution,
ont tenu dans leurs mains les rênes de l'adminiftration & du *Gouvernement Provifoire.*

Délégués de nos Villes & nos Campagnes!
Recevez les expreffions de notre reconnoiffance,
& jouiffez avec nous du bonheur de cette journée. Les premiers jours d'une révolution ne font
jamais des jours tranquilles. Ce paffage fubit d'un
ordre de chofes, établi depuis des fiècles, à un
ordre de chofes dont on ignore encore les fuccès
& les fruits, eft ordinairement accompagné d'in-
quiétudes, pour ne pas dire de défiance. Les
ames timides fe livrent à des craintes. Les malveil-
lans peuvent concevoir des projets perfides. Des
frères

frères égarés s'abandonnent aveuglément à des
démarches funestes; & les hommes les plus ver-
tueux, les plus courageux, ne se font point illusion sur les dangers qu'ils prévoyent, & sur ceux
qu'ils ignorent. Tous les cœurs sont émus,
agités, inquiets, pressés par mille sentimens divers,
C'est le moment de la crise. Se perdra-t-on ?
Sera-t-on sauvé ?

C'est vous, sages & prudens délégués. C'est
votre prévoyance, votre vigilance, vos travaux
assidus, vos veilles, vos fatigues & votre fermeté tempérée par la douceur, qui ont su conduire heureusement le vaisseau de l'Etat baloté
par la tempète. Vous l'avez dirigé au milieu des
écueils & des orages, sans abandonner un moment le timon. Vous l'avez passé au travers des
dangers qui le menacoient de tous côtés, & vous
l'avez amené au port. Graces vous en soient
rendues, vigilans députés! Votre récompense est
déjà dans votre cœur, vous y trouvez la plus
douce des rémunérations, celle d'avoir fait le
bien, de l'avoir fait sans crainte, & d'avoir réussi
dans votre pénible entreprise. Tous vos concitoyens proclament aujourd'hui que vous avez
bien mérité de la Patrie. La Patrie reconnoissante
se lève pour vous bénir; Elle vous dit: voyez,
voyez cette journée! C'est vous qui l'avez fait

C

naître. C'eft vous qui noùs avez conduit aujour-
d'hui dans ce faint temple. C'eft vòus qui avez
préparé de loin notre bonheur. Notre bonheur
eft votre ouvrage. Comment ne feriez-vous pas
auffi heureux ? Venez les premiers de tous , faire
retentir dans ce faint lieu les accens de votre
joie. Egayez-vous dans cette journée de bénédictions &.de délivrance. Egayez-vous , & vous
réjouiffez en elle.

I I.

Ils ont bien mérité auffi de la Patrie nos *bra-
ves défenfeurs.* Sous cette dénomination glorieufe ,
je comprends & les Généraux & les Officiers &
les Soldats de cette brave armée d'Italie & de
celle du Rhin , qui, conduits par la victoire font
venus cueillir de nouveaux lauriers pour affermir
l'ouvrage de notre indépendance ; & ceux auffi qui,
d'entre les citoyens de nos contrées, fe font affociés
à leurs travaux & à leur gloire. Vaillante jeuneffe
Vaudoife ! Recevez dans ce jour, le tribut de notre
reconnoiffance ! Vous n'avez point démenti, jeunes guerriers, cette réputation brillante que vos
ancètres ont acquife en fervant fous des drapeaux
étrangers. Si l'amour de la gloire les a toujours
trouvé fidèles à fa voix , quand il les appeloit au

champ du combat & de l'honneur ; ſi le nom
Suiſſe a toujours ſu ſe faire reſpecter par ſa bra-
voure & ſon intrépidité, vous avez montré que
vous êtes les deſcendans de ces guerriers ſans
tache & ſans reproche.

Pourquoi faut - il que dans ce jour de paix &
de gloire, tu ne ſois point avec nous, intrépide
FORNERET ? En vain, tu avois échappé aux dangers d'une guerre cruelle. En vain, ton courage,
peut-être trop téméraire, t'avoit fait tomber dans
les mains des vainqueurs des Nations, qui
avoient reſpecté ta vie. En vain, tu avois renoncé
aux avantages d'une cour étrangère, pour ne
ſervir déſormais que ſous les drapeaux de ta
Patrie. Hélas ! nos montagnes, nos montagnes
ont vu ta tête ſe pencher ſur ton ſein ! ... Le
premier de tous, au milieu des neiges, ſur le
penchant d'un mont eſcarpé, ſuivi un à un dans
un étroit ſentier, d'un petit nombre de guerriers,
que fais-tu ? — Ton courage t'aveugle... C'eſt toi
que l'ennemi veut percer de ſes coups. Et s'il
t'abat, il ſe croit ſûr de la victoire. — Nous ren-
dons en ce jour, gloire à ton intrépidité, en ver-
ſant des larmes ſur ta tombe. --- Mais ta mort n'a
point rallenti la victoire. Ame courageuſe ! ſois
tranquille ſur notre ſort. Ils ne ſont plus ceux qui
ont verſé ton ſang. Que dis-je ? Ils ne ſont plus !---

Ah! fi tu peux l'entendre, jouis, jouis de ton
triomphe; ils vivent, & ils font redevenus nos
frères !

I I I.

Entre les grands objets qui occupent nos pen-
fées en ce jour de bonheur, nous portons prin-
cipalement nos regards, nos vœux & nos efpérances, fur ceux d'entre vous, qui reçoivent des
mains de leurs concitoyens, *les rênes du Gouvernement*, & qui, dans des emplois divers, vont remplir les fonctions honorables & importantes qui
leur font confiées.

Pour la premiere fois, nous voyons au milieu
de nous, des Adminiftrateurs que le vœu du
Peuple a choifis. Pour la premiere fois, le
Peuple a appellé pour faire règner les loix, des
hommes que fon fuffrage a diftingués par leurs
lumières, leurs talens, leurs vertus, & leur
patriotifme. Pour la premiere fois, nous allons
être gouvernés par nos égaux en droits, & qui
n'ont au-deffus de nous d'autre fupériorité que
celle que leur donne leur mérite, & d'autre autorité que celle que leur accorde la Loi.

Comment pourions nous vous témoigner affez
vivement notre reconnoiffance, fages Adminiftrateurs, nos frères, nos amis, nos concitoyens ?

Vous que tout un Peuple libre & fouverain a nommés pour nous régir fuivant les principes de l'éternelle Juftice, & de la fainte Egalité. ---- Nous fommes touchés des facrifices que vous faites à la Patrie. ---- Votre tems, vos travaux, tout ce que les dons de la nature & de la grace ont mis en vous de fageffe, de prudence, de courage & de force, tout eft dévoué à la Patrie. Si dans tous les tems les foins de l'adminiftration font pénibles; s'ils font fouvent accompagnés de dégouts & de dangers; fi faire le bien, n'eft jamais chofe facile; combien plus eft-il difficile de tenir les rênes d'un Etat naiffant! Tout a été détruit; tout eft à édifier: Cette machine im- menfe & compliquée qu'on appelle la fociété; cet ouvrage compofé de tant de refforts divers & épars ne marche point encore. Il faut raffem- bler les matériaux, réunir toutes les parties, en faire un enfemble majeftueux & folide; donner à ce grand corps, naguères inanimé, le mou- vement & la vie. Il faut écarter les obftacles, prévoir les dangers, prévenir les mécomptes, éviter les fauffes mefures, réunir la douceur à la fermeté, & la prudence au courage!

Tant de difficultés nous étonneroient peut- être, fi nous n'étions raffurés par vos talens & vos vertus. Mais, des hommes qui fe dévouent généreusement à la chose publique; des hommes qui renoncent à tout intérêt particulier, pour ne connoître que l'intérêt de tous; des hommes qui la plupart abandonnent les lieux de leur naissance, les amis de leur jeuneffe, leurs affaires domestiques, pour se consacrer tout entiers au bien de la Patrie; des hommes à qui le Peuple a dit : conduisez-nous au travers de ce désert aride & fauvage; marchez devant nous pour nous introduire dans la Canaan; foyez nos guides, nos appuis, nos défenseurs; de tels hommes, aidés du fecours du Tout-Puiffant qu'ils viennent implorer avec nous, ne tromperont jamais nos efpérances. Ils marcheront au travers des flammes, & ils n'en feront point brulés; ils traverferont les fleuves rapides, & ils n'en feront point emportés; ils graviront les plus hautes montagnes, & ils parviendront à leur fommet; ils ne craindront ni le hâle du jour, ni la froidure de la nuit; & le bouclier du Tout-Puiffant fera leur fauve-garde.

Puiffiez-vous, fages Administrateurs, recueillir toutes les récompenfes qui vous font dues ! Des récompenfes !... Ce n'est ni l'or, ni l'argent; ni le faste, ni les plaifirs du fiècle, ni des décorations brillantes, ni des palais fuperbes, ni l'étalage d'une vaine pompe mondaine, que

la Patrie promet à des républicains, à de ver-
tueux patriotes. Laiſſons ces puériles ſplendeurs
aux pauvres enfans des rois; qu'ils s'amuſent
avec ces jouets, au milieu de leurs miſéres!
Mais vous, nos bons Adminiſtrateurs, vous
trouverez votre récompenſe dans votre cœur,
qui, à la fin de chaque journée, mettra ſon
cachet d'approbation ſur les bonnes œuvres que
vous aurez faites; vous la trouverez cette récompenſe dans l'amour de vos concitoyens;
Vos noms, inſcrits dans les faſtes de notre hiſtoire,
ſeront gravés dans nos cœurs en caractères inef-
façables; le ſouvenir de votre dévouement paſ-
ſera à vos enfans, comme le plus précieux hé-
ritage; la poſtérité reconnoiſſante, dira: Ils ont
travaillé, & nous jouiſſons du fruit de leurs travaux; ils ont ſemé, & nous moiſſonnons; ils
ont planté l'arbre de la Liberté, & nous vivons
heureux ſous ſon ombrage. --- Ah! puiſſiez-vous
entrevoir de ſi grandes eſpérances! Que la main
bienfaiſante du Seigneur ſoit ſur vous; que ſon
conſeil vous dirige; que ſa force vous ſou-
tienne; que ſon eſprit de ſainteté & de joie vous
anime & vous encourage ſans ceſſe; & qu'après
avoir porté des fruits de juſtice & de bonté
juſqu'à la vieilleſſe toute blanche, vous ſoyez
introduits dans le tabernacle des Juſtes, & aſſo-

tiés à tous les fidèles qui célèbrent les louanges
du Très-haut, & de son Oint!

IV.

Il nous reste à vous adresser nos vœux & nos
exhortations, chers concitoyens! Vous qui,
ainsi que moi, allez vivre désormais sous un
régime nouveau, qui nous promet Egalité &
Liberté. — Que je vous dise un seul mot, pour
vous retracer votre bonheur & vos devoirs;
mais que ce mot renferme de choses! qu'il est
doux à nos oreilles & à nos cœurs! Ce mot,
c'est *l'amour de la Patrie.*

Elle nous fut toujours chère cette Patrie. Qu'ils
sont beaux ces lieux, où la bonté divine a fixé
le séjour de notre habitation terrestre! Rives
riantes du Léman! Hautes montagnes! Vallées
fertiles! Côteaux qui retentissez chaque année
des chants du vigneron! Prairies, arbres frui-
tiers, bois touffus! Horizon immense, où le
lever & le coucher du soleil, présentent chaque jour un spectacle si varié, si magnifique!
Belle nature! Combien de fois l'étranger épris
d'admiration, comparant ce coup d'œil à tout
ce que ses yeux avoient rencontré de plus beau
dans ses voyages, célébra avec ravissement,

cet enfemble majeftueux! Et combien de fois auffi, il rendit juftice au caractère & aux mœurs des habitans de ces contrées! Oui, ofons le dire, & difons le avec joie; le caractère des Vaudois a toujours paru plein de charmes; franchife, honnêteté, bienveillance & charité; doux penchant à l'amitié, union des familles, bonheur des époux, tendres foins donnés à l'éducation des enfans, innocente gaieté, épanchemens d'un cœur fenfible, fruits précieux du calme de la confcience; tels font les principaux traits qu'on apperçoit, pour ainfi dire à chaque pas, chez les bons habitans de nos villes & nos campagnes. Et fans doute, c'eft ce qui fait que dans tous les tems notre Patrie nous fut chère. Ce n'étoient pas feulement les yeux qui revenoient toujours avec un nouveau plaifir à contempler la nature, c'étoit le cœur, un cœur honnête & bon, affectionné, tendrement attaché à fes fouvenirs, à fes penchans, à fes liaifons, à fes habitudes, & aux inclinations les plus aimables.

Mais qu'elle doit nous être plus chère encore cette Patrie, maintenant qu'elle nous préfente chez ceux qui nous gouvernent des frères & des égaux! — Chez tous fes habitans, des hommes libres! — une Patrie qui va ouvrir à nos enfans toutes les carrières qui conduifent à l'ef

time de nos femblables; & qui va fans doute
prendre de nouvelles mefures, des mefures plus
efficaces, pour affermir au milieu de nous la
plus fainte des Religions.

Aimez la cette Patrie qui vous préfente chez
ceux qui vous gouvernent des frères & des
égaux.

Ne croyez pas cependant, que pour cela vous
deviez moins d'égards à leurs perfonnes, ni
moins de refpect à leur autorité. C'eft précifé-
ment parce qu'ils ne font point élevés au def-
fus de vous par le caprice de la naiffance, du
fort, ou d'autres inftitutions ferviles : c'eft parce
que votre vœu les a placés au rang qu'ils occupent d'être les premiers des citoyens : c'eft parce
que, foumis eux-mêmes à la Loi, ils ne font que
les organes de la Loi : c'eft parce que leur volonté n'eft point leur volonté particulière, mais
la volonté de tous : c'eft pour cela même, que
vous leur devez d'autant plus d'égards, & qu'ils
méritent d'autant mieux toute la confidération
qui eft dûe à leur autorité. ---

Certes, ce n'eft qu'à cette condition qu'ils veu-
lent & qu'ils peuvent fe dévouer tout entiers à
la chofe publique. Quoi! feroit-il jufte de leur
dire : donnez-vous à la Patrie & la Patrie ne
fera rien pour vous ; faites tous les facrifices

qu'on peut faire au bien de tous, & perſonne ne vous devra ni égards, ni déférence ? Non, non ! Ils vous diſent aujourd'hui ces Adminiſtrateurs que vous avez choiſis : nous vous donnons notre tems, notre travail ; nous ferons tous les ſacrifices que nos emplois exigent : notre vie même, s'il le faut, notre vie ſera pour vous. Mais vous auſſi nos frères, nos concitoyens ; donnez - nous votre cœur ; accordez - nous votre confiance : écoutez la Loi quand elle vous parlera par notre bouche ; obéiſſez à ſa voix impérieuſe qui nous commande ainſi qu'à vous. Ils vous diſent encore, & je me perſuade qu'ils ne me blâmeront point de ce que je vais ajouter : chers concitoyens ! nous ſommes des hommes ainſi que vous ; n'attendez pas la perfection de la nature humaine ; penſez aux difficultés que nous allons rencontrer quand il faut tout déblayer, tout rebâtir. Jamais nos cœurs ne ſeront animés que des intentions les plus pures, mais quand eſt-ce que les intentions les plus pures n'ont jamais été trompées ?

Aimez - la cette Patrie qui vous préſente auſſi chez tous vos concitoyens des hommes libres.

Qu'ils diſparoiſſent pour toujours ces ſentimens farouches qui peuvent troubler la paix !

Qu'ils difparoiffent ces noms qui réveillent des
fouvenirs odieux, ces noms auxquels eft atta-
chée une empreinte de déshonneur, & qui font
comme le fignal de la haine & des vengeances.
La Liberté eft amie de la paix. Autour d'elle les
cœurs unis fe rallient. Elle ferre dans fes mains
généreufes, les mains de fes frères; elle n'op-
prime perfonne; elle ne veut du mal à perfonne;
elle n'offenfe perfonne; elle refpecte toutes les
propriétés d'autrui; elle eft la fauve-garde du foi-
ble; fous fon cafque, fous fon niveau fe refugient
tous ceux qui la chériffent; & elle chérit, elle dé-
fend auffi tous ceux qui, pourfuivis par l'injuftice,
viennent fe mettre à l'abri de fon ombre tutélaire.

Il eft même ici une obfervation qui me frappe.
Dans prefque toutes les révolutions, le parti vaincu
confervoit des forces, des affiliés, des efpérances,
des intelligences foit au-dedans, foit au-dehors.
De-là les foupçons, les défiances, les haines, les
profcriptions en maffe, les vengeances particulières. Mais ici, elle n'exifte plus cette autorité qui au-
trefois pefoit fur nos contrées. Le vent impétueux
de l'Eternel l'a renverfée, jetée par terre; elle a
difparu comme un fonge au matin, & fes reftes
épars & confternés font venus fe ranger fous les
drapeaux & la clémence du vainqueur. --- Que
ton nom foit béni, BRUNE, homme véritable-

ment grand & généreux! tu as renvoyé avec
honneur dans leurs foyers nos frères égarés. Tu
as rendu juftice à leur valeur, quoiqu'elle fut
aveugle, & au lieu de les abattre par la force,
tu les as gagnés par la douceur. Que ce grand
exemple, mes concitoyens, foit auffi notre mo-
dèle! Si quelqu'un s'égare, ramenons-le par la
douceur. Gagnons ainfi des enfans à la Patrie; &
la Patrie ne verra plus autour d'elle que des
enfans qui la chériffent, fi un même amour em-
brafe nos cœurs de fes faintes flammes; fi l'on
peut dire auffi de nous: voyez comme ils
s'aiment.

Elle eft bien digne en effet de votre affec-
tion la plus tendre, cette Patrie, qui ouvre à vos
enfans toutes les carrières qui conduifent à l'ef-
time de nos femblables.

Nous l'avons dit; l'éducation n'a jamais été
négligée dans nos contrées. Il n'eft peut-être
aucun peuple, qui, dans les diverfes claffes de
la fociété, fourniffe des hommes auffi éclairés
fur leurs devoirs effentiels. Mais combien cette
émulation doit acquérir plus de force, plus d'é-
nergie, plus de vigueur! Il n'eft aucun de nous
qui ne puiffe dire maintenant; peut-être que
mon enfant fera appelé à remplir une place dif-
tinguée parmi fes concitoyens. Voudrois-je le

laiſſer ſans principes, ſans éducation, ſans cul-
ture? Comment ſera-t-il le bien, s'il ne ſait le
connoître? Comment le connoîtra-t-il, ſi des
hommes ſages & éclairés ne l'inſtruiſent? Comment diſtinguera-t-il ſes droits de ſes devoirs, s'il
n'a point appris à les diſcerner les uns des autres? Pères & mères! un vaſte champ d'honneur,
d'eſtime & de juſtes éloges, s'ouvre ici pour vos
familles. J'aime à penſer que les premiers regards
de la Patrie, ſe tourneront ſur les moyens de
faciliter l'éducation de vos enfans. J'aime a penſer qu'on rendra déſormais plus reſpectable, l'état
de ceux qui ſe dévouent à éclairer l'eſprit &
former le cœur de la jeuneſſe. J'aime à penſer,
que les devoirs pénibles d'inſtituteurs, trouveront
à l'avenir de plus ſolides récompenſes. Elles
ſeront placées ſur un bon fond, toutes les avan-
ces que la Patrie vous appellera à faire en faveur
d'un but auſſi louable ; & ce que vous aurez
ſemé avec joie, vous le moiſſonnerez au cen-
tuple, avec chant de triomphe.

Et la Religion, mes frères! cette Religion
pure & ſans tache que nous avons le bonheur
de profeſſer: cette religion que le Fils de Dieu
lui-même nous a enſeignée pour nous conduire
à la vie & au bonheur ; cette Religion ſublime
dans ſes dogmes, ſimple dans ſon culte, pure

dans ſes préceptes, raviſſante dans ſes promeſſes; cette Religion qui a été réformée parmi nous, des erreurs & des abus, que l'ignorance, la ſuperſtition & l'avarice y avoient introduits; cette divine Religion ne ſeroit-elle pas mainte- nue parmi nous, [avec honneur?

C'eſt elle qui élève nos penſées & nos ſenti- mens; c'eſt elle qui purifie toutes les affections de nos cœurs: c'eſt elle qui anime, qui ſoutient, qui encourage l'homme mortel, par d'immortelles récompenſes: c'eſt elle qui le conſole dans tou- tes ſes afflictions, & qui raſſure ſon ame trem- blante ſur le bord du tombeau. Ah! C'eſt elle qui fait tout notre bonheur préſent & à venir, & ſans elle tout n'eſt que vanité des vanités, & rongement d'eſprit. —

O vous! à qui nous remettons avec confiance toute l'autorité que les Loix peuvent conférer, vous donnerez les premiers l'exemple d'une piété pure & fervente. Vous ferez reſpecter nos Sabats. Vous ferez célèbrer avec une ſainte pom- pe nos fêtes ſolemnelles. Vous appellerez de dignes paſteurs pour conduire les brebis de Jéſus Chriſt dans les ſentiers de la vertu & de l'immortalité. Vous veillerez ſur les ſoins que l'on donne à ces jeunes Lévites, qui ſe conſa- crent à ce ſaint Miniſtère. Vous encouragerez

leurs études. Vous éleverez leur ame, par vos
regards, votre approbation, votre amour. Vous
leur direz avec émotion & effufion de cœur:
fervez Dieu avec fidélité, fervez avec fidélité
Jéfus notre divin Maître; Et la Patrie trouvera
en vous fes meilleurs amis & fes plus chauds
défenfeurs!

Et vous tous, mes chers frères, vous l'aime-
rez auffi cette divine Religion, dont je m'ef-
time heureux d'être parmi vous le Miniftre. —
Ah! fi j'euffe penfé, que jamais on pût lui por-
ter quelqu'atteinte; croyez-vous que ma voix
expirante de douleur, eût pu articuler, dans ce
jour, quelque parole d'actions de graces & d'allégreffe? — Je me fuffe retiré dans le lieu le plus
folitaire, pour me livrer tout entier à ma trif-
teffe profonde. — J'euffe demandé à Dieu, de
reprendre auffitôt à lui, le fouffle de vie qu'il
ma donné. Et je n'aurois ceffé de repéter ces
mots entrecoupés par mes pleurs: O mon Dieu!
mes yeux fe font fondus en larmes, parce qu'on
n'obferve plus ta Loi!

Mais non: mon cœur fe livre encore ici aux
plus douces efpérances. Je prévois dans un heureux avenir, notre Ste. Religion mieux affer-
mie que jamais. Je prévois que nous n'aurons

pas conftamment la douleur, comme nous l'a-
vons eue trop fouvent du paffé, de n'être point
écoutés dans nos juftes demandes & nos pieufes
réclamations. Je prévois, qu'ayant autour de nous,
avec nous, ceux qui peuvent appuyer nos faints
travaux de leur autorité, ils verront de leurs
yeux, ils fentiront eux-mêmes la juftice de nos
demandes. Ils prendront en main la caufe de la
Religion, qui eft celle de la Patrie; &, étant
ouvriers avec Dieu, ils travailleront, ainfi que
nous, à faire refleurir dans nos heureufes contrées, la Foi, la Piété, le Culte & toutes les
vertus chrétiennes.

. Recevez l'affurance, fages Adminiftrateurs,
nos chers frères en J. C. du dévouement que
les Miniftres de l'évangile, viennent aujourd'hui
vous promettre, pour le bien de la Patrie; &
recevez auffi les vœux que nous ne cefferons
de former, pour la bénédiction de vos perfonnes & de vos utiles travaux. — Nous ne demandons ni de nous ingérer dans les affaires
civiles, ni de partager l'autorité, ni les richef-
fes & les honneurs du fiècle. Nous favons que
nous ferons toujours affez honorés, fi nous nous
refpectons nous - mêmes & le caractère facré,
dont nous fommes revètus. Nous favons que
notre gloire confifte dans l'humilité, dans la piété,

D

dans la charité & la pratique des vertus, dont
notre divin Maître nous a donné le précepte
& l'exemple. Nous favons que tout notre bonheur eft attaché à la fidélité avec laquelle nous
remplirons tous nos devoirs; & notre vœu le
plus ardent, toute notre ambition, eft de voir
marcher tous nos frères, dans ce chemin de vie
& de félicité que la grace de Dieu nous trace
dans l'Evangile, par Jéfus Chrift notre Seigneur
& notre charitable Rédempteur. Nous ne vou-
lons donc connoître autre chofe parmi vous,
que Jéfus Chrift & Jéfus Chrift crucifié; & à Dieu
ne plaife que nous nous glorifions, fi ce n'eft
en la croix de notre divin Sauveur, qui eft le
falut du monde.

Ainfi, nous aimerons auffi la Patrie. Ainfi,
nous ferons auffi au nombre de fes enfans. Ainfi,
nous ne ferons point étrangers, ni inutiles à fa
profpérité & à fa gloire. Ainfi, nous ne vivrons
point dans un efprit de fervitude, mais, affranchis par le Fils de Dieu lui-même, nous joui-
rons de la Liberté glorieufe des enfans de Dieu.
Ainfi, pendant que vous combattrez, que vous
travaillerez pour le bonheur de tous, nous auffi,
nous combattrons par nos prières, nous travaillerons par nos études, par nos inftructions, par
notre exemple pour toutes les chofes qui font

vraies, qui font pures, qui font juftes, qui font
aimables, & dignes de louanges, & nous prie-
rons fans ceffe le Dieu de toute bénédiction, &
de tout don excellent & parfait, de répandre
fur vous fes graces les plus précieufes.

Exauce, Seigneur! les vœux que nous t'a-
vons adreffés, & ceux que nous t'adrefferons
encore. Que notre Patrie foit chère à tes yeux!
Rends nous tous heureux, par Toi, pour Toi,
& avec Toi; par J. C. N. S. Amen! ---

Prière.

O notre Dieu & notre père célefte! Nous
venons encore nous préfenter humblement devant
toi, pour t'offrir nos adorations & nos actions de
graces, & pour folliciter au nom de Jéfus-Chrift
tes bénédictions & ta paix.

C'eft fous ta garde, ô notre Dieu! que nous
plaçons maintenant notre Patrie. Nous la remettons avec refpect & confiance entre les mains
de ta fage & bonne Providence, & nous te fup-
plions d'être en tout tems fon protecteur & fon
appui. Réunis-en inceffamment toutes les parties:
qu'elles ne forment bientôt qu'un feul corps étroi-
tement uni par des liens indiffolubles: que les
grands principes de la juftice & de la paix, de la
Liberté & de l'Egalité, foient les fondemens de

cette Conftitution , que nous embraffons dans ce
jour avec un nouveau fentiment de reconnoiffance & de joie , & , qu'appuyée ainfi fur des bafes
inébranlables , toute l'Helvétie ne forme qu'un
feul peuple, un peuple libre & heureux !

Verfe, pour cet effet , les dons de ton Saint-
Efprit , fur ceux qui font appelés aux fonctions
de nos Adminiftrations diverfes. Que ta crainte, ô
notre Dieu! foit conftamment devant leurs yeux ,
& que ta Loi foit dans leurs cœurs. Qu'un même
efprit les dirige : qu'un même amour les uniffe,
& qu'ils faffent tous fervir à ta gloire & au bonheur des peuples que tu as commis à leurs foins,
les forces que ta grace leur accorde; afin, qu'après
avoir adminiftré comme des économes prudens
& fidèles,.ils aient part un jour à ton approbation, & qu'ils reçoivent la couronne de juftice.

Souverain Monarque de l'Univers! Toi qui
élèves les Nations & les abaiffes! Toi qui fais
naître & difparoître les empires! Nous implorons
ta grace fur tous les peuples de la terre, & nous
l'implorons en particulier fur la Grande Nation
qui nous a protégés & défendus , & avec qui nous
allons foutenir des relations plus étroites que
jamais. Qu'ils viennent enfin ces jours heureux
ou la paix règnera parmi les hommes! Fais ceffer
ô mon Dieu! Fais ceffer ce terrible fléau de la

guerre, dont tu châties les nations dans ton cour-
roux. Amène ces jours tranquilles, où il eſt dit
que le lion & l'agneau paîtront enſemble, &
qu'un enfant les conduira. Ordonne à l'Ange
exterminateur de mettre fin à ſes ravages. Ordonne
à l'épée de ton indignation, à cette épée teinte
de tant de ſang, de rentrer enfin dans ſon four-
reau : &, au lieu des coupes de ta colère, répands
ſur tous les peuples, celles de tes bénédictions
les plus précieuſes, avec le ſentiment de ta grace
& de ton amour !

Nous venons auſſi recommander à ta protection puiſſante l'Egliſe, que ton fils a établie ſur la
terre, qu'il a rachetée par ſon ſang, qu'il ſancti-
fie par ſa parole & ſon Eſprit & qu'il deſtine à
la gloire. O Souverain Paſteur des ames! Divin
Jéſus, notre puiſſant régénérateur ! établis en tous
lieux cette doctrine ſalutaire, qui nous enſeigne
à aimer Dieu de tout notre cœur, & notre prochain comme nous-mêmes. Rapproché toutes les
communions chrétiennes dans le même faiſceau
d'unité, de concorde & d'amour. Bénis toutes
les égliſes proteſtantes : bénis ſur - tout celles de
notre chère Patrie. Fais-y régner une foi vive,
des mœurs pures & une ardente charité. Donne
à toutes ces égliſes des paſteurs ſelon ton cœur,
& que tous ceux qui font profeſſion d'être les

miniſtres de ta parole & de ton culte, ſoient les premiers à s'appliquer aux bonnes œuvres, afin qu'ils répandent en tous lieux la bonne odeur de ton Saint Evangile, &, qu'aidés de ta grace, ils amènent les ames captives à ton obéiſſance.

Dieu des conſolations! nous implorons tes compaſſions paternelles en faveur de tous les affligés. Fais-leur ſentir les doux & puiſſans effets de ta miſéricorde. Affermis leur patience, ſoutiens leur foi, fortifie leur courage & réjouis de plus en plus leurs eſpérances. Détache leurs cœurs de ce monde. Elève leurs penſées & leurs affections vers le Ciel. Conſole-les, ſoulage-les, ſanctifie-les, &, après ces jours d'affliction & de deuil, par leſquels tu trouves à-propos de les faire paſſer, donne - leur des jours paiſibles & une iſſue heureuſe!

Enfin, Seigneur! nous nous abattons tous enſemble au pied du trône de ta Majeſté Suprême, pour te ſupplier de recevoir favorablement cet acte de notre dévotion, & pour ſolliciter de nouveau & avec toute l'ardeur dont nous ſommes capables, la continuation de tes faveurs, de ta protection & de ta grace. Ah! garde-nous tous en ton nom & nous préſerve de tout mal! Fais-nous comprendre, Seigneur! qu'il eſt une Patrie meilleure que celle-ci, dont nous devons aſpirer,

d'être un jour citoyens. Que cette Patrie cé-
leste, où tu règnes éternellement au milieu de
tes élus; cette Patrie, où tes enfans t'aiment d'un
amour parfait & sans bornes; cette Patrie, où toute
larme sera essuyée des yeux, où le péché & la
mort ne seront plus : que cette Patrie où tu nous
appelles tous par ta grace, soit sans cesse l'objet
de nos desirs & de nos espérances ! Que nous nous
préparions par une sainte vie à y être introduits!
& que nous revêtions dès-à-présent les pensées,
les affections & les mœurs qui conviennent à ceux
qui desirent de devenir les bourgeois des cieux
& les concitoyens des Saints! Exauce-nous Père
de grace! C'est au nom &c.